BEI GRIN MACHT SICH IHR WISSEN BEZAHLT

- Wir veröffentlichen Ihre Hausarbeit, Bachelor- und Masterarbeit

- Ihr eigenes eBook und Buch - weltweit in allen wichtigen Shops

- Verdienen Sie an jedem Verkauf

Jetzt bei www.GRIN.com hochladen und kostenlos publizieren

Bibliografische Information der Deutschen Nationalbibliothek:

Die Deutsche Bibliothek verzeichnet diese Publikation in der Deutschen Nationalbibliografie; detaillierte bibliografische Daten sind im Internet über http://dnb.d-nb.de/ abrufbar.

Dieses Werk sowie alle darin enthaltenen einzelnen Beiträge und Abbildungen sind urheberrechtlich geschützt. Jede Verwertung, die nicht ausdrücklich vom Urheberrechtsschutz zugelassen ist, bedarf der vorherigen Zustimmung des Verlages. Das gilt insbesondere für Vervielfältigungen, Bearbeitungen, Übersetzungen, Mikroverfilmungen, Auswertungen durch Datenbanken und für die Einspeicherung und Verarbeitung in elektronische Systeme. Alle Rechte, auch die des auszugsweisen Nachdrucks, der fotomechanischen Wiedergabe (einschließlich Mikrokopie) sowie der Auswertung durch Datenbanken oder ähnliche Einrichtungen, vorbehalten.

Impressum:

Copyright © 2013 GRIN Verlag
Druck und Bindung: Books on Demand GmbH, Norderstedt Germany
ISBN: 9783668669468

Dieses Buch bei GRIN:

https://www.grin.com/document/417967

Isabel Funke

Das Motiv der Schuld in Wolfgang Borcherts "Draußen vor der Tür"

GRIN Verlag

GRIN - Your knowledge has value

Der GRIN Verlag publiziert seit 1998 wissenschaftliche Arbeiten von Studenten, Hochschullehrern und anderen Akademikern als eBook und gedrucktes Buch. Die Verlagswebsite www.grin.com ist die ideale Plattform zur Veröffentlichung von Hausarbeiten, Abschlussarbeiten, wissenschaftlichen Aufsätzen, Dissertationen und Fachbüchern.

Besuchen Sie uns im Internet:

http://www.grin.com/

http://www.facebook.com/grincom

http://www.twitter.com/grin_com

UNIVERSITÄT MANNHEIM
Philosophische Fakultät
Seminar für Deutsche Philologie
Lehrstuhl für Neuere Germanistik II

Das Motiv der Schuld in Wolfgang Borcherts
„Draußen vor der Tür"

von

Isabel Funke

Inhaltsverzeichnis

1. Einleitung 3

2. Beckmann als Außenseiter 4

3. Beckmanns Schuld an der Verzweiflung des Einbeinigen 5

4. Beckmanns Versuch, die Verantwortung abzugeben 6

5. Das Wiedersehen 8

6. Schluss 8

7. Literaturverzeichnis: 10

1. Einleitung

Ich bin zwanzig Jahre alt. Ich bin gut behütet in einem relativ ruhigen Vorort, einer größeren Stadt aufgewachsen. Da das Leben in einer friedlichen Demokratie in Mitteleuropa selbstverständlich ist, konnte ich mich so entwickeln, wie man es sich bestmöglich für einen Menschen wünscht. Kein Hunger, keine Entbehrung und vor allem kein Krieg störten mein Heranwachsen. Unvorstellbar, wie es wohl jenen geht, denen der Großteil ihrer Jugend gestohlen wird, die keine schönen Erinnerungen daran haben, sondern nur Elend, Tod und den Kampf ums nackte Überleben kennen. Gerade so sah aber die Wirklichkeit noch in der ersten Hälfte des letzten Jahrhunderts für viele Jugendliche aus. Beckmann, der Protagonist in Wolfgang Borcherts 1947 veröffentlichtem Drama „*Draußen vor der Tür*"[1], ist einer von jenen, die mit zwanzig in einen Krieg ziehen müssen, der ihnen die Menschlichkeit raubt. Aus dem sie als gebrochene Menschen heimkehren, weil sie zu viel gesehen und erlebt haben. Sechs Jahre ist Beckmann Soldat im Zweiten Weltkrieg. Drei davon verbringt er in Sibirien in Kriegsgefangenschaft, ehe er Anfang 1946[2] wieder nach Deutschland zurückkommt. Dann stellt Beckmann Fragen: Fragen nach Schuld und Verantwortung. Auf der Suche nach Antworten wandelt er zwischen Wirklichkeit, Traum und Fantasie[3] durch Borcherts' Drama. Das stellt somit nicht die fiktionale Realität dar, sondern vielmehr eine Allegorie davon.[4] Beckmann erhebt dabei Ansprüche auf gesellschaftlich anerkannte Werte wie Wahrheit, Verantwortung und Gerechtigkeit.[5]

In diesem Zusammenhang kommen beim Leser Fragen auf: Bezieht Beckmann diese Werte auch auf sich selbst? Hat er während seines Kriegsdienstes Schuld auf sich geladen, der er sich nicht stelle will oder kann? Wie geht Beckmann mit seiner eigenen Verantwortung um? Ist er nur ein selbstmitleidiges Opfer oder auch Täter? Der Fokus dieser Arbeit soll also auf der Frage nach der Schuld Beckmanns und seinem Umgang mit der eigenen Verantwortung für diese liegen. Zu Beginn wird auf die Figur Beckmanns eingegangen und sein Stand in der Gesellschaft dargelegt. Danach soll seine Beziehung

---

[1] In dieser Arbeit beziehe ich mich auf die Ausgabe: Borchert, Wolfgang: Draußen vor der Tür und ausgewählte Erzählungen. Hamburg 2012. Da die Erstausgabe hiervon im Januar 1956 mit Genehmigung des Rowohlt Verlags GmbH, Reinbek bei Hamburg veröffentlicht wurde.
[2] Vgl. dazu Koller, Alexander: Wolfgang Borcherts „Draußen vor der Tür". Zu den überzeitlichen Dimensionen eines Dramas. Marburg 2000, S. 17. Hier wird die Positionierung des Dramas in den zeitlichen Rahmen dargelegt.
[3] Vgl. Burgess, Gordon J.A.: Wirklichkeit, Allegorie und Traum in „Draußen vor der Tür": Beckmanns Weg zur Menschlichkeit. In: Wolfgang Borchert. Werk und Wirkung. Hrsg. von Rudolf Wolff. Bonn 1984 (= Sammlung Profile, Bd. 9), S. 58.
[4] Ebd..
[5] Ebd., S. 18f..

zum Einbeinigen und der Versuch, die Verantwortung wieder an seinen Oberst abzugeben, behandelt werden. Zuletzt wird der Traum betrachtet, in dem Beckmann nochmal auf die beiden Figuren trifft, um ihnen die Schuld an seiner Lage zu geben.

2. Beckmann als Außenseiter

Bürstenfrisur, Gasmaskenbrille und ein steifes Bein. So sieht Beckmann jetzt aus, er hat sich demzufolge offensichtlich äußerlich verändert, als er endlich nach Hause zurückkehrt.[6] Sein Erscheinungsbild erzählt von seiner Vergangenheit als Soldat und Gefangener.[7] Deswegen lässt sich die literarische Figur „Beckmann" eindeutig als Kriegsheimkehrer identifizieren. Er der Personenbeschreibung zufolge „einer von denen"[8]. Dadurch und durch seine Namenslosigkeit wird klar, dass ihm weniger die Rolle des Individualisten, als vielmehr die des Repräsentanten einer breiten Bevölkerungsmasse, eines Jedermann, zufällt.[9] Nicht nur Beckmann hat sich durch den Krieg verändert, auch seine Heimatstadt Hamburg ist nicht wieder zu erkennen. Er beklagt den „Schuttacker hier zu Hause"[10], unter dem sein einjähriger Sohn liegt, den er nie gesehen hat, da dieser bei einem Bombenanschlag ums Leben kam. Die Stadt, die Beckmann kannte gibt es nicht mehr. Hinzu kommt, dass er am Tag seiner Heimkehr feststellen muss, dass seine Frau ihn nicht sehnsüchtig erwartet. Sie ist unlängst mit einem anderen Mann zusammen, der Beckmanns Platz eingenommen hat. Im Laufe des Dramas erfährt Beckmann überdies, dass seine Eltern nicht mehr leben. Sie haben sich nach dem Krieg umgebracht. Das heißt, auch das private „zu Hause", das er sich erhofft hatte, existiert für ihn nicht mehr. Ebenso scheitert sein Wunsch am Theater zu arbeiten, da er für den Direktor eines Kabaretts zu wenig Erfahrung mitbringt und sein Anblick für die Zuschauer zu grausam sei.[11] Diese Erkenntnisse bringen ihn zum verzweifeln und dazu mit dem Leben zu hadern. Er ist verbittert darüber, dass ihm die Gesellschaft nicht die Anerkennung zuteilkommen lässt, die er verdient zu haben glaubt.[12] Kriegserlebnisse, Gefangenschaft und Heimatverlust lassen ihn nicht los, er will schon zu Beginn des Dramas trotz seines jungen Alters von erst fünfundzwanzig Jahren, „[e]ndlich in Ruhe pen-

---

[6] Vgl. Balzer, Bernd: Wolfgang Borchert: Draußen vor der Tür. Grundlagen und Gedanken zum Verständnis des Dramas. Frankfurt am Main 1991, S. 24.
[7] Vgl., Koller: Zu den überzeitlichen Dimensionen eines Dramas, S. 17.
[8] Borchert: Draußen vor der Tür, S. 7.
[9] Vgl. Burgess: Wirklichkeit, Allegorie und Traum, S. 58.
[10] Borchert: Draußen vor der Tür, S. 15.
[11] Vgl. ebd., S. 30.
[12] Vgl. Mileck, Joseph: Wolfgang Borchert: „Draussen vor der Tür": A Young Poet's Struggle with Guilt and Despair. In: Monatshefte, Vol. 51, No. 7 (Dezember 1959), S. 333.

nen"[13]. Einzig die Gestalt des Anderen, die „jeder kennt"[14], hält ihn davon ab, sich in der Elbe zu ertränken. Sie spornt ihn an weiter zu leben und nicht aufzugeben. Dabei solle er allerdings nicht nur an sich denken, sondern auch an seine Mitmenschen.[15] Beckmann begibt sich folglich auf die Suche nach neuen Perspektiven für sein Leben. Aber alle Türen, hinter denen er sich einen Lichtblick erhofft, bleiben letztlich doch für ihn verschlossen[16] und er steht wieder *Draußen vor der Tür*. Durch sein Äußeres und schließlich durch seine Äußerungen gegenüber den Menschen die er im Drama trifft, kommt der Gegensatz zwischen Beckmann und ihnen zum Vorschein.[17] Beckmann ist für sie ein Relikt aus der Vergangenheit. Er erinnert sie an eine Zeit, die sie vergessen und verdrängen wollen. Beckmanns Stellung in der Gesellschaft ist die eines heimatlosen Außenseiters, denn nicht nur „[ä]ußerlich ist er ein naher Verwandter jener Gebilde, die auf den Feldern stehen, um die Vögel [...] zu erschrecken"[18], sondern „[i]nnerlich - auch"[19].

3. Beckmanns Schuld an der Verzweiflung des Einbeinigen
Beckmann kann nicht mit der Vergangenheit abschließen. Als ihm das Mädchen, das ihn am Ufer der Elbe findet und mit zu sich nach Hause nimmt, um ihm trockenen Kleidung zu geben, die Gasmaskenbrille abnimmt, fühlt er sich blind und hilflos. Sie ist Symbol für seine soldatische Existenz.[20] Das Mädchen bemerkt, dass er mit der Brille wie ein Gespenst aussieht.[21] Doch Beckmann ist nur das Ablegen der Brille als Akt des Vergessens nicht genug, er will nicht vergessen[22]: „Vielleicht bin ich auch ein Gespenst. Eins von gestern, das heute keiner mehr sehen will. Ein Gespenst aus dem Krieg, für den Frieden provisorisch repariert"[23]. Das Mädchen bietet ihm die Jacke ihres seit Stalingrad vermissten Mannes an. Beckmann hüllt seinen Körper in diese. Unbewusst hat er durch den Mantel, den er sofort wieder los werden will, die Schuld übergezogen. Er registriert, dass er sich gerade in der gleichen Situation befindet, wie der neue Mann an der Seite *seiner* Frau. Er trägt die Kleidung eines anderen Mannes, ist in dessen Woh-

---
[13] Borchert: Draußen vor der Tür, S. 11.
[14] Ebd., S. 7.
[15] Vgl. Burgess: Wirklichkeit, Allegorie und Traum, S. 62.
[16] Vgl. Diekhans, Johannes/Graunke, Sandra: Wolfgang Borchert, Draußen vor der Tür. Paderborn 2007 (= Einfach Deutsch - Unterrichtsmodell), S. 45.
[17] Vgl., Koller: Zu den überzeitlichen Dimensionen eines Dramas, S. 18f..
[18] Borchert: Draußen vor der Tür, S. 8.
[19] Ebd..
[20] Vgl. Balzer: Grundlagen und Gedanken, S. 27.
[21] Vgl. Borchert: Draußen vor der Tür, S. 17.
[22] Vgl. Balzer: Grundlagen und Gedanken, ebd..
[23] Borchert: Draußen vor der Tür, ebd..

nung und ihn Gesellschaft seiner Ehefrau.[24] Dieser Andere kommt so gleich als Einbeiniger daher, der Beckmann anklagt, seinen Platz eingenommen zu haben.[25] Außerdem erkennt die Hauptfigur den Mann wieder und eine schreckliche Wahrheit offenbart sich ihr. Der Einbeinige hat sein Bein durch den Befehl des Unteroffiziers Beckmann verloren: „Sie halten ihren Posten unbedingt bis zum Schluss"[26], befahl dieser. Daran erinnert, schreit er heftig: „Das bin ich nicht! Das will ich nicht mehr sein. Ich will nicht mehr Beckmann sein!"[27]. Beckmann regiert in dieser Situation nicht anders seine Mitmenschen. Denen hatte er die Verdrängung der Geschehnisse zum Vorwurf gemacht. Es wird deutlich, dass auch Beckmann der Auseinandersetzung mit der Vergangenheit ausweicht und an gewisse Dinge nicht erinnert werden möchte.[28] Er verdrängt sie und nachts kann er nicht schlafen, denn er wird von denen verfolgt, die unter seiner Verantwortung starben oder verletzt wurden. Seine eigene Schuld lässt sich nicht so einfach abstreifen wie ein Mantel. Sie verfolgt ihn bis in den Schlaf.

4. Beckmanns Versuch, die Verantwortung abzugeben
Beckmann will infolgedessen die Verantwortung für den Befehl, durch den der Einbeinige sein Bein verlor, an seinen Vorgesetzten zurückgeben. Im Gegensatz zu ihm, ist der zuständige Oberst längst wieder in seinem Lebensalltag angekommen. Er „wohnt in einem warmen Haus. In dieser Stadt, in jeder Stadt"[29] und sitzt mit seiner Familie an einem gedeckten Tisch. Hier entsteht ein Gegensatz zwischen Beckmann, dem armen, mittellosen Unteroffizier und dem Oberst, dem immer braven Mann, der jetzt schon wieder von materiellem Wohlstand umgeben ist und „sein ganzes Leben nur seine Pflicht getan"[30] hat.[31] Diese Tatsache nimmt Beckmann so indirekt auch für sich ein, es ist sein Versuch sich von der Verantwortung los zu sagen.[32] Zudem scheint es, als habe der Oberst aufgrund der Tatsache, dass er wohlhabend ist, ein höheres Maß an Schuld auf sich geladen. Beckmann im Umkehrschluss, da verarmt und heimatlos, weniger oder gar überhaupt keine. Er stilisiert die Armut zum Beweis seiner Unschuld.[33] Der Oberst ist immer noch ganz Soldat und in seinem Denken militärisch geprägt. Er will

---

[24] Vgl. Balzer, Grundlagen und Gedanken, S.27.
[25] Vgl. Borchert: Draußen vor der Tür, S. 18f..
[26] Ebd., S. 19.
[27] Ebd..
[28] Vgl. Balzer: Grundlagen und Gedanken, ebd..
[29] Borchert: Draußen vor der Tür, S.20.
[30] Ebd..
[31] Vgl. Balzer, Grundlagen und Gedanken, S. 28.
[32] Vgl. ebd..
[33] Vgl. ebd..

nicht an seine Verantwortung und die Kriegsniederlage erinnert werden.[34] Für ihn ist Beckmann einer von denen, „denen das bißchen Krieg die Begriffe und den Verstand verwirrt hat"[35]. Beckmann erinnert den Oberst daran, wie er ihm am 14. Februar bei Gorodok das Kommando für zwanzig Mann gegeben hatte. Sie sollten den Wald erkunden und wenn möglich Gefangene machen. Nach einem Schusswechsel waren sie nur noch zu neunt. Die Verantwortung dafür macht Beckmann zu schaffen, die elf Toten verfolgen ihn in seinen Träumen. Er ist sich darüber bewusst, welches Leid die Angehörigen seiner Kameraden jetzt ohne ihre Männer, Väter und Söhne ertragen müssen, denn auch „die Lebenden, die fragen. Die fragen jede Nacht"[36]. Dennoch sieht sich Beckmann nur als Empfänger eines Befehls, naiv geht er davon aus die Verantwortung für die Toten wieder an seinen Oberst zurückgeben zu können. Nicht als Mensch Beckmann, sondern als willenloser Unteroffizier Beckmann, ist er nur starrsinnig seiner Pflicht nachgegangen. Die Rolle seiner eigenen Täterschaft ist ihm nicht bewusst.[37] Denn „nun ist der Krieg aus, nun will ich pennen, nun gebe ich ihnen die Verantwortung zurück"[38]. Der Oberst hat auch kein Schuldbewusstsein, in seinen Augen sieht Beckmann die Angelegenheit zu ernst und regt sich unnötig darüber auf, denn „[s]o war das doch gar nicht gemeint"[39]. Er versteht nicht worum es Beckmann bei seinem Besuch geht. Er macht sich über ihn lustig und hält das Ganze für einen Scherz. Seiner Meinung nach muss Beckmann „erstmal wieder ein Mensch"[40] werden. Dies gelänge ihm, wenn er die „zerrissenen Klamotten"[41] wegschmeißt und einen von seinen alten Anzügen anzieht. Beckmann könne also mit seiner Kleidung auch die Vergangenheit, den Krieg und somit seine Schuld abstreifen und zu einem „neuen Menschen"[42] werden. So wie es auch der Oberst in seiner gutbürgerlichen Idylle gemacht hat, in der die Erinnerung an die Vergangenheit und die eigenen Schuld keinen Platz haben. Seinen Blick richtet er nach vorn und nicht zurück in die Vergangenheit.

---

[34] Vgl. Gehse, Harro: Wolfgang Borchert, Draußen vor der Tür. Die Hundeblume und andere Erzählungen. Interpretationen und Materialien. 3. Überarbeitet Auflage. Hollfeld 2007 (= Analysen und Reflexionen, Bd. 73), S. 29.
[35] Borchert: Draußen vor der Tür, S. 22.
[36] Ebd., S. 26.
[37] Vgl. Diekhans: Wolfgang Borchert, S. 45.
[38] Borchert: Draußen vor der Tür, S. 25.
[39] Ebd., S. 26.
[40] Ebd., S. 27.
[41] Ebd..
[42] Ebd., S. 45.

5. Das Wiedersehen

Am Ende des Dramas hat Beckmann einen Traum, in dem noch einmal fast alle handelnden Personen auftreten und er ihnen mitteilt, welchen Anteil an seinem Elend sie haben. „Die anderen sind Mörder"[43], seine Mörder, ist Beckmann sich gewiss. Der Oberst erinnert sich schon nicht mehr an ihn. Auf Beckmanns Frage „[h]alten sie das eigentlich aus, [...] Mörder zu sein?"[44], antwortet dieser „[w]ieso? Bitte? Ich?", was wiederum zeigt, dass der Oberst die Situation Beckmanns überhaupt nicht versteht und sich keiner Schuld bewusst ist. Auch der Einbeinige begegnet Beckmann in diesem Traum noch einmal. „Du lebst noch, Beckmann? Du hast doch einen Mord begangen, Beckmann"[45]. „Ich habe keinen Mord begangen!"[46], ist Beckmann sich sicher. Unbeabsichtigt hat er die Schuld für den Selbstmord des Einbeinigen auf sich gezogen. Am Abend seiner Heimkehr war Beckmann kurzzeitig an seine Stelle getreten. Anders als bei den elf Toten von Gorodok, akzeptiert er diesmal die Schuldzuweisung, nachdem der Einbeinige feststellt, „wir morden ja alle, jeden Tag, jede Nacht"[47]. Beckmann muss sich demnach eingestehen, dass auch er sich der Unmenschlichkeit schuldig machte, obwohl er dies immer anderen vorgeworfen hat.[48] „Und der Mörder bin ich. Ich? der Gemordete, ich, den sie gemordet haben"[49] seine Verzweiflung darüber, ohne es zu wollen, zum Mörder zu werden, lässt ihn die Verantwortung für den Tod des Einbeinigen übernehmen[50] und die Sinnlosigkeit eines Selbstmordes erkennen, denn die „Menschen gehen an dem Tod vorbei, achtlos, resigniert [...][und] gleichgültig, so gleichgültig!"[51].

6. Schluss

Anfangs ist die Lebenseinstellung Beckmanns von Selbstmitleid geprägt. Am Ende ändert sich das: Er ist von der Unmenschlichkeit der Gesellschaft überzeugt.[52] Seine Schuld im Krieg sieht er nur bedingt, er fühlt sich verraten und als Opfer dieses Krieges und der Willkür der Kriegsherren: Sie haben sich „auch für uns einen Krieg ausgedacht. Und da haben sie uns dann hingeschickt, [...] [k]einer hat uns gesagt, ihr geht in die

---

[43]Borchert: Draußen vor der Tür, S.45.
[44] Ebd., S. 46.
[45] Ebd., S. 52.
[46] Ebd..
[47] Ebd..
[48] Vgl. Burgess: Wirklichkeit, Allegorie und Traum, S. 64.
[49] Borchert: Draußen vor der Tür, S. 53.
[50] Vgl. Diekhans: Wolfgang Borchert, S. 45.
[51] Borchert: Draußen vor der Tür, S. 54.
[52] Vgl. Burgess: Wirklichkeit, Allegorie und Traum, ebd..

Hölle"[53]. Beckmanns Unmündigkeit endet in seinem blinden Gehorsam. Er erliegt der Vorstellung er sei aufgrund seines niedrigen Offiziersgrades nur bedingt verantwortlich für sein Handeln. Und damit nicht Schuld an den unzähligen Toten, die durch seine Hand gestorben sind. Im Krieg gab er seine Mündigkeit als selbstständig denkendes Individuum auf und ordnete sich den Wertvorstellungen und Zielen des Regimes unter, folglich ließ er sich für deren Zwecke instrumentalisieren. Es ist naiv von ihm, sich erst im Nachhinein über die Tragweite dieser Entscheidung bewusst zu werden. Vor allem die toten Männer, die unter seinem Befehl ihr Leben ließen verfolgen ihn auch noch Jahre nach dem Kriegsende. Die gegnerischen Opfer sind ihm völlig egal, in seinen Gedanken und Träumen kommen diese nicht vor. Letztlich ist Beckmanns Schuld – genauso wie die Schuld von Millionen anderer Männer seiner Generation – unumstößlich: Er und sie alle sind Mörder. Der Krieg kennt keine Gewinner und lässt niemanden schuldlos zurück.

---

[53] Borchert: Draußen vor der Tür, S. 49.

7. Literaturverzeichnis:

Primärliteratur:

Borchert, Wolfgang: Draußen vor der Tür und ausgewählte Erzählungen. Hamburg 2012.

Sekundärliteratur:

Balzer, Bernd: Wolfgang Borchert: Draußen vor der Tür. Grundlagen und Gedanken zum Verständnis des Dramas. Frankfurt am Main 1991.

Burgess, Gordon J.A.: Wirklichkeit, Allegorie und Traum in „Draußen vor der Tür": Beckmanns Weg zur Menschlichkeit. In: Wolfgang Borchert. Werk und Wirkung. Hrsg. von Rudolf Wolff. Bonn 1984 (= Sammlung Profile, Bd. 9), S. 56-66.

Diekhans, Johannes/Graunke, Sandra: Wolfgang Borchert, Draußen vor der Tür. Paderborn 2007 (= Einfach Deutsch - Unterrichtsmodell).

Gehse, Harro: Wolfgang Borchert, Draußen vor der Tür. Die Hundeblume und andere Erzählungen. Interpretationen und Materialien. 3. Überarbeitet Auflage. Hollfeld 2007 (= Analysen und Reflexionen, Bd. 73).

Koller, Alexander: Wolfgang Borcherts „Draußen vor der Tür". Zu den überzeitlichen Dimensionen eines Dramas. Marburg 2000.

Mileck, Joseph: Wolfgang Borchert: „Draussen vor der Tür": A Young Poet´s Struggle with Guilt and Despair. In: Monatshefte, Vol. 51, No. 7 (Dezember 1959), S. 328-336.

BEI GRIN MACHT SICH IHR WISSEN BEZAHLT

- Wir veröffentlichen Ihre Hausarbeit, Bachelor- und Masterarbeit

- Ihr eigenes eBook und Buch - weltweit in allen wichtigen Shops

- Verdienen Sie an jedem Verkauf

Jetzt bei www.GRIN.com hochladen und kostenlos publizieren